健康も、幸せも、愛も引き寄せる!

モテフィフ
BODY《ボディ》
MAKE《メイク》

川島めぐみ

コーシン出版

まえがき　アラフィフから人生が輝き始めた！

「お母さん、大学も無事卒業できたし、春から社会人として頑張るね！」

20代で出産した二人の娘の育児から開放され、親としての責任を果たせた実感から、久しぶりに「自分の人生」について考えた私。１９６７年生まれなので年齢は52歳……。

短大を卒業し、銀行の一般職として三菱銀行に就職し、入社3年目で結婚、25歳で長女を出産して27歳で次女を出産、毎日の子育てや家事、実父の介護、そして再び銀行での契約社員の仕事に勤しんでいました。

ふと、娘の一言で独身時代までは当たり前だった「自分の時間」「自分の人生を考える機会」を28年ぶりに手にしたことに気がつきました。よく考えると、一人の人生を謳歌していた時間(23年間)よりも、妻として母としてと「誰かのために生きる時間」の方が多かったのです。

そんな「誰かのために生きる人生」から「自分のために生きる人生」を突きつけられるわけですから、私の周りの友人たちや、同じように年若く出産した先輩方も多くの人が困惑していますし、あなたも今、戸惑っているかもしれません。
実際に次のような悩みを聞くことがあります。

・どのように生きたら良いか、わからない
・自分が何をしたいのか、わからない
・必要とされなくなって、自分の価値がわからない

さらに、次のような恐れを抱いている人も多いのです。

・更年期が怖い
・年老いて老人になっていくのが辛い
・親の介護や、将来の生活が不安

このような悩みや恐れを抱くことは仕方のないことでしょう。多くの人が直面する問題ですから。

しかし、私は違います。

それは私が「モテフィフ」だからです。

モテフィフとは「モテる50代（Ｆｉｆｔｙ）」という、私が作った言葉です。

「モテる」といっても、たくさんの異性に積極的な恋愛アプローチをされるという意味ではなく、夫から、子どもたちから、仕事仲間から、趣味仲間から、地域の友達からなど、さまざまな人たちに明るく元気になってもらえるような力を与え、積極的に社会に携わっていく自信や、自分にしかできない価値、そして経済力を持った50代という意味です。

50代といえば、平均寿命が80歳の長寿社会の日本でも、既に折返し地点を過ぎている年齢です。だからこそほとんどの人は「老いること」「死を迎えること」を前提に人生をネガティブに考えてしまいがちです。

ですが、モテフィフになれば全く違う人生が待っています。

・20代の独身時代よりもスタイルよく、素敵なファッションができる
・余裕があり、お互いを思いやれる大人同士の友達ができる

・**健康で自分に自信があるから、積極的に社会に関わる気力が出てくる**

キリがないほどの人生の変化が訪れますし、私自身がその生き証人です。

今、私は自分の人生で最も楽しく、ワクワクした日々を過ごすことができています。

そして、これは私だけの特別なことではありません。私がこの本の中でお伝えする「モテフィフボディメイク」を実践することで、あなた自身にもその人生が開けるのです。

この本では極力、わかりやすく、実践しやすい方法と知恵をまとめています。ぜひ最後まで読んでいただきあなたにも素敵な50代、素敵な人生を過ごしていただければ幸いです。

目次　モテフィフBODY MAKE

第2章　モテフィフになる環境づくり

第3章　モテフィフ筋トレメソッド

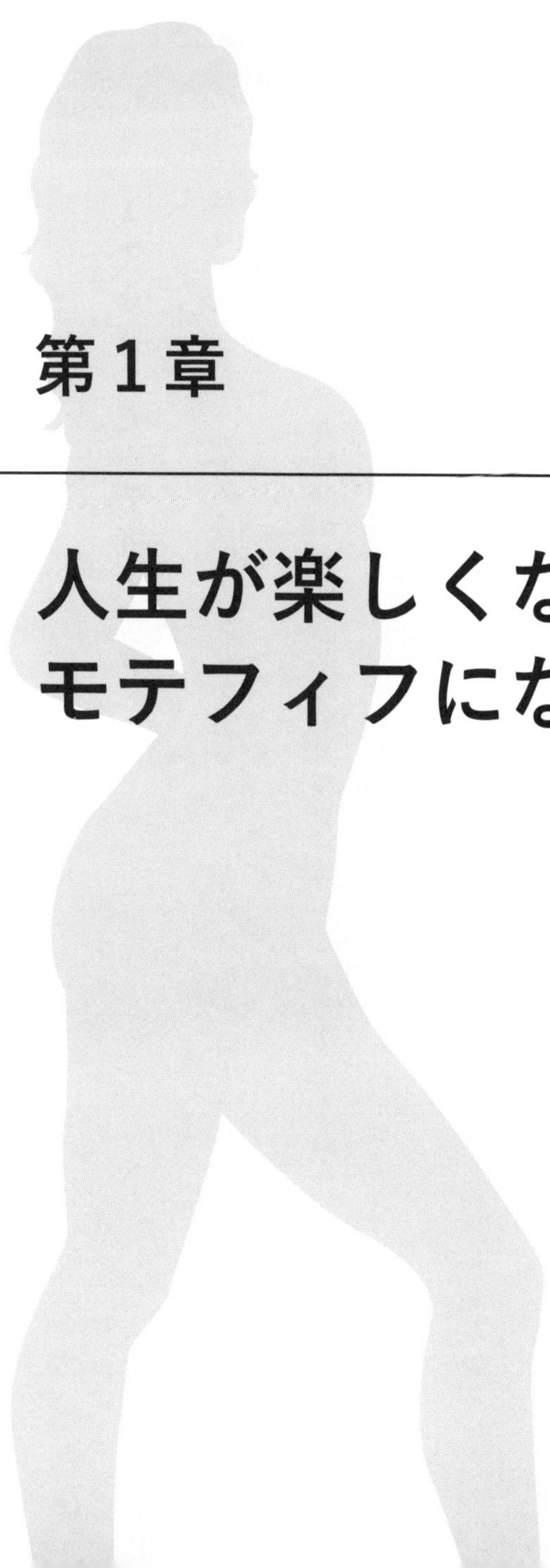

第1章

人生が楽しくなる
モテフィフになろう！

人生を変えたボディメイク

毎日が楽しくて、毎朝目覚めるのが楽しみで、今日は何をしようか、何ができるかとワクワク全開……。

そして、大好きな趣味があり、友達や家族やペットなどと楽しく過ごし、さらに仕事も元気に明るく楽しく取り組める……。

家族にも友達にも趣味にも仕事にも恵まれて（モテて）、こんな毎日が過ごせたら最高だと思いませんか？

モテフィフの私は、毎日が楽しくてたまらない。

ではそんなモテフィフになるキッカケをくれたものは何だと思いますか？

多くの人は、「高額な宝くじにでも当たって、エステに通ったり、素敵な服やアクセサリーを買ったり、老後に十分な貯金ができたからでしょ？」と、自分の努力とは関係のないラッキーが起こったからだと考えるようです。

しかし、実際には違います。あなたにも今すぐに取り組めて、誰でもできることからスタートしたのです。


それは「**ボディメイク**」です。


人間には肉体がありますよね？

病気になれば気持ちも沈みますし、ちょっと寝不足だったりするだけでも、憂鬱な気分になったりするものですし、逆に熟睡できた日の朝はすごく良い気分になれると思います。

つまり、人間の身体と心は密接につながっているのです。ですから身体が変われば自分に自信が持てて、心も変わります。

「ボディメイク」＝身体をデザインすること

筋力トレーニングで筋肉をつけて自分のなりたい体形を作り上げてみませんか？

同時に食事の内容も変えていくことも大切です。

この二つを実行するだけで自分の身体を変えることができるのです。

ボディメイクは年齢にはまったく関係ないので、たれ尻、二の腕振袖、突き出した下っ腹……。

今からでも変えられます。

さらに、ボディメイクで身体をデザインしたら、心も前向きになり、人生までも変わってしまうことがあるとしたら素敵なことですよね。

年齢を言い訳にしてあきらめず、まずは「ボディメイク」から始めてみましょう。


「ボディメイク」をして普段健康を維持している私は、銀行の窓口の仕事をしながら、同僚やお客様の年齢や体形を観察するのが好きでした。そして、イライラしていたり、憂鬱そうにしている人を見かけるたびに、もっとこうしたら、身体をこう変えたら、仕事ができるオーラが出るのではないかということを考えていました。それがモテフィフを考えたきっかけでもありました。

50歳というのは、子どもが手を離れて、これから私は何をしていこうかと考えるころでしょう。

まずは私自身のことをお伝えしたいと思います。よりモテフィフになるために、イメージ作りをしやすくなっていただければと思っております。

著者の私のプロフィール

私は1967年（昭和42年）4月生まれの52歳です。夫と娘が二人。娘は二人とも大学を卒業して社会人になっています。父は数年前に亡くなりましたが、母親は健在です。

父は大蔵省国税局査察課に勤めていて、退職後、税理士事務所を経営しておりました。

父が亡くなった後、母が二世帯住宅を建ててくれたのでそこで母、私の家族とペットと暮らしています。つい最近まで銀行の契約社員として働いておりました。

さて、私の生い立ちについてお話ししますと、最初の転機は高校3年生(18歳のとき)で訪れました。私は志望した短大に学校推薦で入れることになり、受験勉強は必要ありませんでした。高校3年生の12月ごろには部活動もなくなり、自由な時間ができたのです。

当時の私はダンスに興味を持っていたので、すぐに新宿にあったスポーツジム「エグザス」の会員になりました。

昭和60年といえばバブル景気が始まるあたりで、アメリカからエアロビクスが日本に入ってきたころでした。

ジムに入会したばかりの私は、スタジオレッスンでおこなわれていたエアロビクス教室に夢中になりました。毎日のようにエアロビクスの指導を受けていく中で、向上心が芽生えまして、当時開催され始めたエアロビクスのコンテストや大会にもたくさん出場するようになりました。

現在、エアロビクス界の最高峰の大会の一つでもある「スズキワールドカップ」の前身にあたる「ドールカップ」にも出場していたのです。

もちろんエアロビクスに必要な身体を作るための筋力トレーニングも始めていました。

その後は短大に進学し、入学してからはダンス部に入部しました。そのときにはジム通いが日常性活に組み込まれていましたので、ジムではエアロビクスと筋力トレーニング、短大ではダンスという身体を動かし続ける毎日になりました。

当時の私は「これだけ毎日、身体を動かしているのだから、将来はエアロビクスの先生になるのだろうな」と思っていました。

そして、短大卒業を控えて就職活動の時期になりました。私は大学1年生のときに持った「エアロビクスのインストラクターになる」という夢を父に話しました。

娘のやりたいことには反対しないだろうと思っていた私ですが、厳格な父に猛反対されました。そして、父の勧めで短大卒業後は銀行員として当時の三菱銀行（現在の三菱ＵＦＪ銀行）に入行することになったのです。

もしかしたら、この時点でほとんどの人はエアロビクスの世界、ダンスの世界からは遠ざかってしまうかもしれません。

しかし、銀行に就職した後でもエアロビクスが大好きだという私の情熱は少しも冷めることがありませんでした。

銀行員の仕事は、副業が基本的に許されない仕事です。しかし、私は「もし副業を指摘されてクビになったら、そのときはエアロビクスの世界で生きていけばいい」と覚悟を決めて、銀行の仕事が終わったあと、夜間にエグザスのエアロビクスインストラクター養成学校に通いました。そして、エアロビクスのインストラクター資格を取得してしまったのです。

この養成学校時代に、私にトレーニングの基礎を教えてくれた先生がボディビルダーだったので、後の筋力トレーニングにとても役に立ちました。今の若い人にはわからないかもしれませんが、30年以上も前にマシンを使わずに、バーベルやダンベルといったフリーウエイトでトレーニングしている女子はほとんどいませんでした。ダンベルを持って、バーベルを担いで、かなり目立っていたと思います。

資格取得後は、銀行員の仕事も続けていましたが、運よくエグザスで雇ってもらえることになり、念願のエアロビクスインストラクターデビューを果たしました。

銀行員をやりながらエグザスの西葛西店でインストラクターのバイトをし、ティップネス渋谷店に入会して自主トレする日々が始まったのです。

　さて、これで銀行員とエアロビインストラクターの二足のわらじでの生活が始まったわけですが、すぐに転機が訪れました。

　銀行入行2年目のある日、人事部から「銀行内のアメフト部が東京ドームで戦うことになった。銀行をあげてチアリーダーを結成するのでメンバーになってほしい」と頼まれたのです。

　私は当時、三菱銀行の日本橋支店勤務でした。そこで毎週、本社に通ってチアリーダーの練習をし、東京ドームを始めとするアメフトの試合でチアリーダーをするという生活も始まったのです。

　バブルを迎えた時代の銀行のチアリーダーの待遇は非常に良く、専属のチアリーディングの先生から指導を受けられて、中野にあったフィットネスジムＴＡＣの年間パスポートももらえました。

　さらに運が良いことに、支店勤務だと残業もあるし、チアリーダーの練習で本部に通うのにも時間がかかるので「本部配属にして欲しい」と直訴したところ、あっさりと本部に転勤させてもらうことができました。

　おかげで夜のジム通いも楽になり、私にとって嬉しい環境が整いました。

エグザスでエアロビクスインストラクター、ティップネスで自主トレ、TACと銀行本部でチアリーダーの練習三昧と、本当に素晴らしい環境ですが、もちろん昼間は銀行員をしていました。

さて、そのような毎日が何年も続くのかと思っていたのですが、なんと入行3年目のことです。今の夫が突然、1ヶ月後に銀行のニューヨーク支店への配属が決まりました。「一緒にニューヨークに来て欲しい」とプロポーズされ、寿退職をし、すべてを辞めてついていくことにしました。

半年後に日本で結婚式を挙げ、次の日からニューヨークでの生活が始まりました。

ニューヨークで体験した本場のエアロビクス

大好きな環境をくれた銀行員の仕事を辞めて急遽飛び込んだ異国の地、ニューヨークでの生活が始まりました。

ニューヨークといえば当時から最先端のダンス、エアロビクスの本場です。そこに飛び込んだのですから、ここで学んで日本に帰り、指導者として成長しようと思いました。

すぐにマンハッタンの「ブロードウェイ・ダンスセンター」というブロードウェイの中心部にあるスタジオに入会しました。

そこで本場のエアロビクスを体験することができたのです。

さらに住んでいたマンションが経営していたスポーツジムにも入会。トレーニングとエアロビクスのクラスに出ることにし、身体が絶対に鈍らないような環境を作り始めました。

地元ニューヨークのジムは年齢層が広く、若い方からお年寄りの方まで色々な人種の方がジムに来ていました。エアロビクスのクラスには年配の方も参加しており、みなさんマイペースで踊っているのです。

今の日本ではシニア向けの教室がさまざまなところでおこなわれていますが、当時の日本はエアロビクスが入ってきたばかりでしたので、スタジオやジムには若い人しかいなかったのです。しかも昼間にエアロビクスのクラスを開いても人は集まらず、夕方からようやくＯＬさんたちがスタジオに集まる感じでした。

一方、アメリカでは昼間から年配の方々もエアロビクスやトレーニングをしていたのです。そんな元気な姿を見て「素敵だなぁ」と感動していました。

モテフィフについて考えるキッカケも、このニューヨークでの経験が大きいです。

この素晴らしいフィットネス経験を活かして、「数年したら日本に戻れるから、帰国したらエアロビクスの先生としてまた頑張ろう」と思っていた矢先に、バブル景気が弾けました。

夫の海外赴任がたった1年に短縮され帰国することになり、この本場の環境もたった1年で終了となったのです。

日本で先生になろうとした矢先の妊娠・育児しながらフィットネス

帰国後、すぐに「社員として代々木のフィットネスジムに入社して欲しい」というお話をいただていました。しかし、なんとそのタイミングで一人目の娘を妊娠し、またまた私の思惑とは違う方向に人生が進み始めました。本当に私の人生は落ち着くかと思った矢先に、すぐに新しい展開が待っているようです。

さて、妊婦生活そして出産後の子育ての生活が始まりました。妊娠や出産をすると、自分の時間がなくなり、それを機に身体を動かすのを辞めてしまう人もいると思います。

しかし、私のフィッネス意欲は消えませんでした。妊娠中はマタニティスイミング、出産後はベビースイミングで身体を動かしたりしていました。また、住んでいた渋谷区の区民センターの中に体育室（ジム）があったので、ママ友と交代で子どもを預けあったり、子どもを実家に預けたりしてトレーニングを続けていました。

そして、二人目の娘が産まれ、幼稚園に入園した後、すぐにティップネス新宿店に入会し、本格的にトレーニングを再開したのです。こちらのティップネス新宿店は、このときから20年間、現在もトレーニングしている私にとって大切な場所です。

10年間続けた子連れエアロ教室

トレーニングに復帰したらまたエアロビクスの先生になろうと思っていましたが、インストラクターとしてのブランクがありました。さらに子どももいるから夜や土日のレッスンはできないので、どうしようかと思っていた矢先に一人のママ友がつぶやいたのです。

「子どもがいるとトレーニングもできないし、やってみたいけどエアロビクスなんてできない」

この幼稚園ママさんの一言が私に火を付けました。

それなら、子連れでできるエアロビクス教室を開いてしまえば良いと思い、早速、文部科学省公認の「エアロビックC級指導員」の資格を取り、さらに区民センターを借りて、エアロビクスができる「子連れでエアロ」という教室を次女が幼稚園にいっている間に開催することにしたのです。

幼稚園の子どもたちのお見送りを終えたお母さんたちをメインターゲットにし、幼稚園にまだ入っていない子どもたちは会場の後ろに設置したサークル内で遊ばせながら、エアロビクスやトレーニングを教えたのです。

実はその当時から子育て中であってもトレーニングをしたいママさんが多かったのですね。おかげさまでママ向けエアロビクスは、予想以上の好評をいただきました。

そして教室を開校して10年ぐらいたった40歳のころ、税理士をしていた父が脳梗塞で倒れました。母一人で父の面倒をみるのは大変なため、私も介護を手伝い始めました。私自身のトレーニングの時間もあまりとれなくなり、エアロビクスの教室は知人にお任せし、インストラクターを引退しました。

ベストボディ・ジャパンとの運命の出会い

その後、父が亡くなるまでの介護生活が続きました。そして父が亡くなり、この先どうしようかと思ったときに、古巣の三菱ＵＦＪ銀行から「契約社員で銀行に復帰しないか」というお誘いをいただきました。

そのときは娘二人は、大学附属の学校に入学していたので子どもの受験は終えていました。自分の時間も増えたし、40歳を過ぎてこのまま社会復帰するには、今が最後のチャンスかもしれないと思い、すぐに銀行に再就職しました。

そして、契約社員として銀行で月に10日働き、残りの20日はジムでトレーニングやエアロビクス三昧という、扶養控除内のお給料で働く兼業主婦生活が始まりました。

そして、6年が経過したころ、モテフィフ誕生の大きな出会いが訪れました。

当時通っていたティップネス新宿店のトレーナーさん二人が引き締まったかっこいい肉体美を競うベストボディ・ジャパン（Ｂｅｓｔ Ｂｏｄｙ Ｊａｐａｎ　※通称ＢＢＪ）という大会にでていました。

さらに新しく入ってきた仲良しのトレーナーさんも大会に出ていると聞き、応援に行こうと思って調べてみると、なんと、40代女性でもこの大会に出場できることを知ったのです。

「見に行くチケット代と、選手として出場するエントリー費。金額的にほぼ一緒。それならば出場してしまおう！」

これがモテフィフ誕生の瞬間でした。

BEST BODY
5
BEST BODY
JAPAN

初参戦でファイナリストという感動！

一次審査となる書類審査も無事に通過し、大会まで3週間しか余裕がない状況でした。「応援に行くなら自分で出場しちゃえ」と勢いでエントリーすることができたおかげで、迷わずこのボディメイクの世界に飛び込むことができたのだと思います。

しかし、ボディビルのようにトレーニングしていれば出場できると思っていたところ、女子は筋肉ではなく、「女性らしさ」、「ウエストのくびれ」が必要とされる、「美しい身体」を競う大会でした。

17cmもの高いヒールを履き、水着を着て、人前でやったこともないモデルさんのようなウォーキングやポージングをする必要があるとは知らなかったので、トレーニングに加えて急遽グループレッスンや個人レッスンを受け、できる限りの練習をして間に合わせました。

東京大会は全国で開催される「地方大会」と呼ばれる大会の中でも、出場者が多く、かなりレベルが高いということも知らずにエントリーしてしまいました。

ですが初大会で予選を通過し決勝（ファイナル）まで進みました。決勝では1位から5位までは順位がつきますが、それ以外はファイナリストという称号が与えられます。

いきなりファイナリストになるというミラクルが起こったのです。

そう、たった３週間で私自身に奇跡が起こったのでした。

そして、そのままの勢いで関東大会に出場し、５位に入賞させていただきました。当時、５位入賞までが日本大会という「全国大会」に出場できたので、私は大会デビューの最初の年からこの大きな舞台に立つことができたのです。

この日本大会出場により、私のボディメイクのためのトレーニング方法、食事方法がどんどん進化し、さらに人間的にも自己成長することになり、モテフィフの理論が生まれたのです。

そして、幸運にも２０１５年から４年連続で日本大会に出場しました。

BEST BODY
JAPAN

コンテストで成長してから迎えた節目の50歳

さて、このように40代中盤を過ぎてからボディメイクのコンテストに出会い、50歳を迎えたある日、ふと自分の年齢を意識して周りの人たちを見たのです。

実際に老化は40代ごろから始まっていると思いますが、50歳という年齢では本当に大きな差が出るのだと気づきました。

普通の主婦として、ボディメイクの大会に出ていなければ、40代に子育て、家事、介護、仕事……と脇目をふる暇もないうちに50代へ突入していたでしょう。

綺麗になる人、老いる人、50歳になったときにはさらに大きく開きができているのです。

私自身、以前まで50歳という年齢に対しては、可愛らしさ、女性らしさの微塵もない姿をイメージしていました。

しかし、そんな私は50歳になっているのに、20代の人でも着ることを躊躇してしまうような生地が少ないブラジリアンビキニの水着を着て大会に出場し、さらにミニスカート&ハイヒールで町中を歩き、「ビキニが正装」とでも言えるような、そんな状況を毎日楽しんでいたのです。

50代は20代のころより時間に余裕があるし、精神的にも余裕があり、好きなことをやることができます。「人生は、やったもん勝ち！」だと自信を持って私は言えます。ワクワク全開、毎日笑顔でいれば、「笑う門には福来たる」で笑顔が幸せを呼び込んでくれます。

好きなものには「好き」と、嫌いなものには「嫌い」とはっきり言えるだけの経験もありますし、年齢の納得感もあります。

もちろん白髪が生え始めたり、老眼の症状も出てくることはあります。ですが、モテフィフになると、その状況すら楽しんでいられるのです。50代は他人が何を言おうと気にする必要は無いのです。そのような姿勢が、単純に異性にモテるだけではなく、仕事だったり、お金だったり、人生を充実させることをちゃんと引き寄せているのだと思います。

「50代はなんてこんなに活き活きとしているのだろう」

「単純に見た目だけではなくて中身も可愛く綺麗でいたい」

と思えるモテフィフ人生があなたにも訪れます。

自分の周りでジムに行って大会に出たり、前向きでバリバリやってる50代の人がいたら楽しいですよね。

逆に、年齢を理由にして言い訳ばかり言って、おばあさん化している人たちは、多分60代になったとしたらもっとおばあさんになるのでしょう。

モテフィフで独身時代よりも愛される理由

50代は子育てもひと段落し、自分のために使えるお金も時間も増え、人生経験も多くなり、余裕も出てきます。人生を楽しむという意味では、一番自分にフォーカスしやすい年代です。

逆に50代で「私の人生なんてこんなもんだ」とあきらめるのはもったいないのです。

独身時代は結婚がゴールと考えていました。ですので、男の人とお茶したり、飲みに行ったりすると恋愛対象として意識してしまうところもありました。

しかし、今は結婚しているし、男女問わず一人の「人」として付き合うことができます。人間としてもっと知りたいと思って私が「人」と付き合っているから、逆に「人」からも親しみをもって接してもらえるのです。人を愛するマザーテレサ的な感覚かもしれません。

もちろん、年上の方には人生の先輩として教わることが多いし、年下の方からは新しい刺激がもらえます。誰と出会うかが重要で、最高に輝いている仲間が側にいると自分の人生も輝いてきます。

最高の出会いは最高のモテフィフ人生を導いてくれるのです。

それまでは妻として、母として似たような人が周りにいる環境の中で生活をしていました。

でもトレーニングしている人、大会に出場している人には色々な人がいるのです。

前向きでポジティブで面白い人が多いという印象があります。若い人はフィットネスのトレーナーさんをしている方が多いですが、年を重ねた人にはお医者さん、弁護士さん、会社経営者さん、ジム経営者さんをはじめ、カリスマメイクさんや美容師さん、作家さんなど、普通に過ごしてきた私には出会うことがなかった業種のお仕事をされている人がいました。


もちろん話すのはトレーニングのことばかりで仕事の話なんてしないけど、仕事もトレーニングも全力で取り組んでいる姿は本当に尊敬します。今まで出会うことのなかった人たちが確実に身体も心も、私を変えてくれました。人とのつながりは本当に貴重です。

そしてこのような環境が人間を変えてくれます。ボディメイクをしたら素敵な人たちに囲まれて、身体だけではなく心もポジティブに変わっていったのです。

そう！　ボディメイクこそ最強のアンチエイジングでもあったのです。

人生100年まで生きるとしたら50代はまだまだ折り返したばかりです。いつでも人前に出られる身体でいたいし、いつまでも可愛くいたい。老若男女問わずモテていたいし、たくさんの希望も持っていたい。独身時代より愛される私でいたい。

このような強い願望を持っていたからこそ、幸運の女神が来たときにその腕をつかめる自分でいたと思います。

ぜひあなたも自分の理想の人生の実現を思い浮かべ、強く望み、モテフィフになって健康も幸せも愛も運も人生も、どんどん引き寄せましょう！

第2章

モテフィフになる環境づくり

モテフィフになるには「習慣」を変えよう

モテフィフになりたい！と思ってもすぐになれるものではありません。人間は「付き合う人」そして「環境」を変えないと何も変わりません。付き合う人を変えるというのは仕事や趣味サークルなどの都合上、難しいかも知れませんが、「環境」を少しずつ変えることができるだけでも良いのです。

まずは「自分の人生を変えたい」と思う気持ちが大切です。すべての鍵は自分の心にあります。

早速、あなたの心のスイッチをオンにして、「身体を動かす環境づくり」からスタートしていきましょう。

第一歩としては身体を動かすことを習慣にすることです。身体を動かすことが習慣化してくると、運動すること自体が楽しくなります。

美しさもボディメイクも、毎日の継続的な習慣で手に入れることができるのです。楽しくなれば笑顔も増えますし、もっと学びたくなります。向上心が生まれてくるのです。

さらに、運動することで気持ちが前向きになり、いろいろなことにチャレンジしたくなる気持ちも生まれやすくなります。そうすると、たくさんの素敵な仲間ができる可能性も高まるのです。

もちろん、何が起こるかはわかりません。しかし、毎日身体を動かしていればそれが習慣となり、気持ちの持ち方も変わり、人生までも変わるかもしれないのです。

まずはいきなり「ジムにいきましょう」と言っても難しいと思いますので、家の中でできるストレッチからご紹介いたします。

自宅で簡単、今日からできるストレッチ

まず、ストレッチを始めるなら「朝」が有効です。朝は、今日どんな素敵なことが起こるのか、ワクワクするタイミングです。

朝のストレッチで酸素をたっぷり身体に取り入れて、身体を目覚めさせてあげましょう。

さらに朝日を浴びながらおこなうと「幸せホルモン」と呼ばれているセロトニンの分泌が

増えます。朝から幸せを感じるなんて最高だと思いませんか？

血流が良くなり細胞に酸素が届きやすくなり、代謝も上がって消費カロリーが増えるので痩せやすくなります。さらに便秘解消にも効果的です。また、寝ている間に固まった、肩こりや腰痛の解消にも効果的です。

ストレッチによって軽く適度な運動ができるので、おなかも空いて朝食もおいしく食べることができます。

さあ、朝から笑顔いっぱい、幸せオーラ全開にして、自然と表情もいきいきさせるストレッチで心身共にバランスよく、モテフィフ生活をスタートさせましょう。

私がキッチンに常時置いてあるのがマッサージボールとゴルフボールです。

朝起きて、朝食を作りながらキッチンでマッサージボールを踏んで足裏をぐりぐり。

体重をしっかりかけてゆっくり前後しましょう。足裏から目覚めていく感じです。

マッサージボール。

朝食の用意ができたら、食事前に5分、軽く全身ストレッチします。

1. **背伸び運動（寝たまま）　固まった背骨を1本1本伸ばす感じ**
2. **腰周りストレッチ**
3. **もも裏とお尻ストレッチ**
4. **もも前のつけねのストレッチ**
5. **キャット&ドッグ**
6. **肩甲骨回し**

最後に筋膜リリースローラーという器具で腰周りから背中をコロコロとストレッチ。

時間があればもっとストレッチしたいところですが、「毎日の継続」が本当に大切です。

欲張らず5分で切り上げましょう。

筋膜リリースローラー。

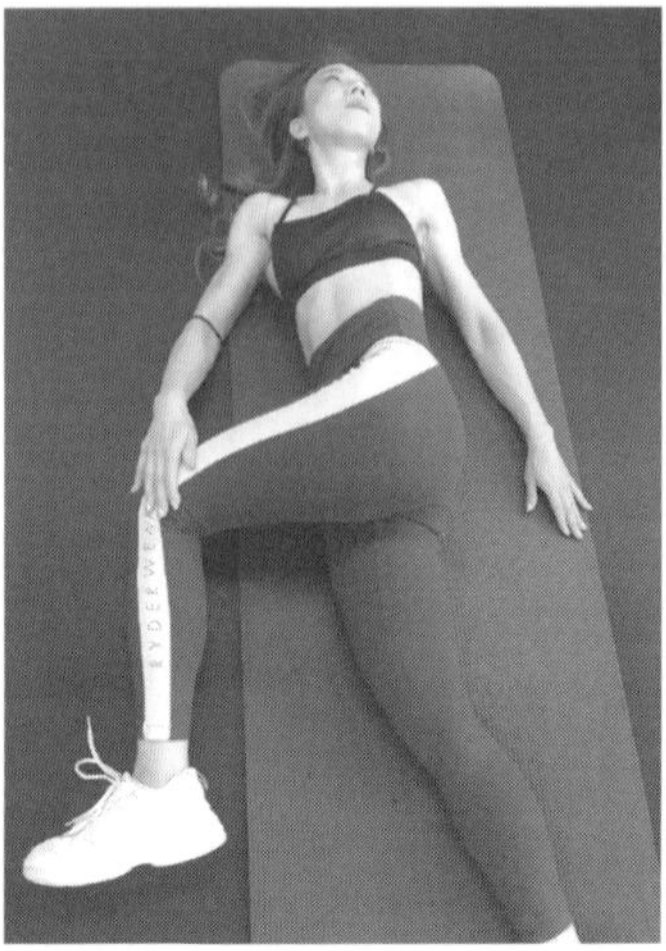

腰周りを伸ばします。

体側を伸ばします。

もものつけねのストレッチ①。

もものつけねのストレッチ②。

ももの裏とお尻のストレッチ。

足の裏を伸ばします。

ももの裏を伸ばします。

キャット①（ネコのようなポーズで、
背骨を曲げます）。

キャット②（背骨を伸ばします）。

「夜のストレッチ」（家）

夜のストレッチは筋肉を意識しながらゆっくり伸ばしていきます。ゆっくりおこなうことで、深い睡眠に入りやすくなります。良質な睡眠は美肌効果にもつながります。

心と身体が癒され、ストレス解消、疲労回復の効果をもたらせてくれます。痛みを感じない程度、反動をつけず、呼吸を止めないで気持ちよく伸ばしましょう。

夜はその日に使いすぎたとか、硬くなっている所を中心にストレッチします。

立ち仕事が多ければふくらはぎや足の裏のストレッチを、デスクワークが多ければ首から肩にかけて、腰周りを中心にストレッチしてみましょう。

翌日に疲れが残さないことが大切です。

そして、夜も5分にとどめましょう。さっと切り上げることがコツです。

ただ、時間に余裕があるときは部屋を暗くしてヒーリングミュージックを聞きながら、アロマを焚いてリラックスする時間を作るのも贅沢でいいですね。ときにはストレッチポールの上でのんびりするのもお勧めです。

私はストレッチグッズをすぐ使えるように、リビングに置いてあります。毎日少しでいいから継続するという気持ちで楽しく続けてみましょう。朝、夜の5分ストレッチを歯磨きレベルにすれば、素敵な習慣ができあがります。

股関節のストレッチ。

開脚しながら、身体を横に。

開脚しながら、前屈。

一番身近なフィットネスジムを選びましょう

次は、本格的に自分の身体と人生を変えるのに重要な「ボディメイク」です。

家の中で、一人でトレーニングするには設備はもちろん、周りに人がいないのでなかなか長続きしないでしょう。

首のストレッチ。

二の腕の裏を伸ばします。

そのために欠かせないものがフィットネスジムになります。しかし、近くにフィットネスジムがない地域に住んでいる方は、公共の施設や体育館などを利用して、まずは身体を動かすことから始めてみましょう。家ではなく外に出ていろいろな方と接してみることが大切です。たくさんの刺激がもらえることと思います。

ジムが乱立する首都圏に住んでいる方は「ジム選び」に苦労するでしょう。特に今はさまざまな特徴を持ったジムがたくさんあります。まずはフィットネスジムを大きく三つに分類してみました。

1．パーソナルジム

たくさんの会員さんがいるジムとは違い、アットホームな雰囲気の中でトレーナーさんが毎回マンツーマンでサポートしてくれるジムです。

トレーナーさんがずっとついて指導してくれるので、目標を達成するには一番近道のジムといえるでしょう。最近は有名なトレーナーさんがどんどん独立してジムをオープンしているので、気になるジムがあれば見学に行ってみるのが良いでしょう。

パーソナルジムの場合は、トレーニングだけでなく食事指導もしてくれますし、ジムのスタッフで一丸となってサポートしてくれるところもあります。一気にモチベーションがアップし、やる気にさせてくれるので、その「やる気」が短期間での身体の変化につながります。

ただ、パーソナルジムが家の近くになかったり、料金が高かったり、ジム以外の日にトレーニングできないこともあります。そんなときは短期集中と割り切って、頑張って通いましょう。

パーソナルジムでトレーニングする習慣をつけてから、「24時間ジム」や「スポーツクラブ」で自主トレーニングするのも良いでしょう。

2. 24時間ジム

会費も低料金で24時間開いているタイプのジムです。自分のライフスタイルに合わせて利用できるのが強みで、意外と仕事の合間や仕事後に通っているジムトレーナーの会員が多く、周りを見渡すと高度かつ強度の高いトレーニングをしている方がいたりします。

仕事が不規則でジムに行ける時間が取れない方や、深夜でないとジムに通えない方、一人で頑張れる方には最適なジムです。

このジムにはマシンやフリーウエイト、ランニングマシーンはありますが、先生が教えてくれるエアロビクスやヨガなどのスタジオレッスンはありません。また、プールも無いところがほとんどです。

時間帯によってスタッフも常駐していないこともあるので、最初はオプションでトレーナーさんについてもらうことをお勧めします。

マシンの使い方や効果的なトレーニング方法を知ってからスタートさせるのが良いでしょう。

3. スポーツクラブのジム

ジム、スタジオ、プールなど、ダイエットプログラム、設備が充実しているスポーツクラブ。

一般的なフィットネスジムといえば、このスポーツクラブのジムになるでしょう。シャワーやお風呂、サウナなど、その他のサービスも豊富で、月会費は平日の昼間だけ、土日のみなど、曜日や時間によって違ったり、大手の店舗をもつスポーツクラブだと近隣の店舗を使用できたりといったメリットもあります。

基本的にこの三つの種類のジムの中から、まずはご自身にあったタイプのジムを選んでみてください。モテフィフになるためにはまず「習慣」を変えること。そして、人生を変えることです。

それにはジムに通い、身体を動かすことを習慣にすることが一番です。どのタイプのジムも魅力的ですが、これからトレーニン

グを始めようとされる方には、家から近い所、通いやすい所にあるスポーツクラブのジムから始めてみるのが良いのではないかと思います。

スポーツクラブの活用の仕方

比較的時間に余裕のある50代の方にとっては、スポーツクラブが店舗も多く、通うにあたって最も一般的だと思いますので、ここではスポーツクラブにあるジムの活用の方法をお伝えします。

まずは、基本サービスに追加となるオプションサービスでトレーナーさんについてもらい、マンツーマンでトレーニングのやり方、マシンの使い方を教えてもらいましょう。

トレーナーさんにお願いすることに気が引ける人もいるかも知れませんが、トレーニングの初心者であれば、トレーナーさんに頼るのが最も早く効率的に身体を作り上げることができて、一番の近道となります。

また、正しい負荷、正しい姿勢を教えてくれるので、ケガや事故の予防にもなります。

そして、トレーナーさんには、自分がジムに行ける日を伝えて、上半身と下半身の分割トレーニングや、全身を細かく分割したトレーニングメニューを作成してもらってください。身体の同じ部位は毎日続けてやらないようにしましょう。回復させるためのお休みの日を作ることも重要です。

トレーナーさんがついてくれると、あなたの限界まで追い込んでもらえるという一番のメリットがあります。実はこれだけは一人ではできないことです。

身体を追い込むことでトレーニングの効果を最大限に引き出してもらえるので結果、最速で効果が出るのです。

近ごろではトレーニングだけではなく、食事のアドバイスをしてくれたり、サプリ、プロテインなどについても知識の豊富なトレーナーさんがたくさんいらっしゃいます。もしご自身が尊敬、信頼でき、明確な目標を達成させてくれるトレーナーさんを見つけられたとしたら、パーソナルジムに通うことに近い、大きな効果が得られます。

そして、効率の高いトレーニングのやり方を習ったら、一人でトレーニングする習慣をつけましょう。毎回、重さや回数を変え、変化をとりいれると良いです。

そしてスポーツクラブならではのスタジオプログラムも活用しましょう。スポーツクラブにはキックボクシング、ヒップホップ・ダンス、ズンバ、自転車、太極拳、フラダンス、バレエ……など、たくさんのプログラムがあります。

そこで自分が気になるもの、好きなものにどんどん参加するのです。意外とやってみたら、楽しくて好きになるでしょう。また、スタジオレッスンで友達ができれば、ジムに通う習慣にもつながります。

ボディメイク＝身体をデザインすることですから、つけたい部位に筋肉をつけ、余計な部位の脂肪を落としていくことが必要です。

それには筋力トレーニングと有酸素運動を効果的に組み合わせることをお勧めします。

有酸素運動とは、脂肪や糖質を酸素によってエネルギーに変えながらおこなう有酸素運動のことで、例えばウォーキング、水泳、バイクなどがあります。

順番は、①筋力トレーニング→②有酸素運動。

筋力トレーニングをすることで筋肉の量が増え、代謝が上がります。つまり筋トレをすることで「痩せやすい身体」になるのです。

同時に成長ホルモンが分泌されているのですが、成長ホルモンが分泌された状態で有酸素運動をすると脂肪燃焼効果が高まるのです。

つまり、筋力トレーニング後に有酸素運動をおこなうことは脂肪燃焼を狙うのに効果的なタイミングなのです。ややきついと感じる中強度の運動が脂肪も燃えやすいといわれています。

お気に入りのスタジオレッスンを選んで参加してみましょう。

トレーニング前後のストレッチ

モテフィフ世代、以前とは違い、ケガをしたら治りもゆっくりだしトレーニングの後の筋肉の回復にも時間がかかります。

そこで重要なのがストレッチなのです。

トレーニング前は、〝動的ストレッチ〟と呼ばれる動きながら筋肉を温めていくストレッチをしましょう。

心拍数を上げ、身体を温めて筋肉の柔軟性を高めてトレーニングしやすい身体にするとともに、筋トレ効果を引き出すことができます。また、ケガの予防にもなります。

時間は5分から10分で十分です。

・肩甲骨周り

両手を両肩の上につけ、肘で大きく円をかくように前回し、後ろ回しをします。

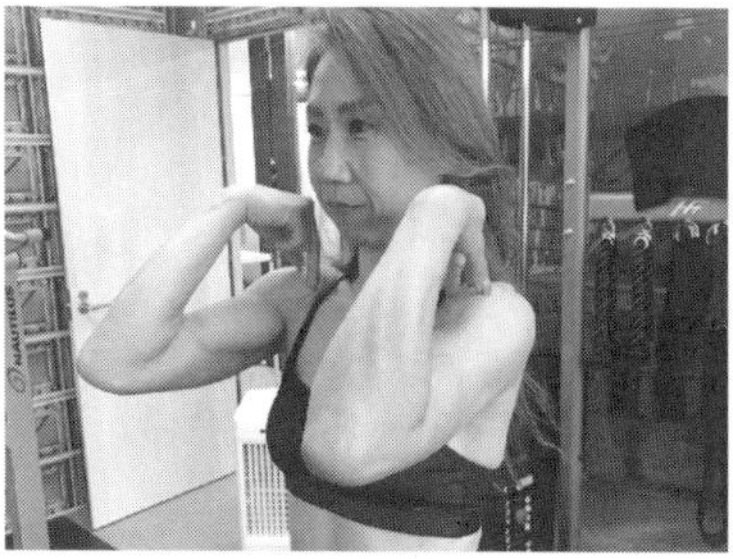

・胸、肩周り

足は肩幅に開いて立ち、両腕を真っすぐ前に伸ばし、胸が開くよう思いっきり広げます。

両手を前へ。

両手を横へ。

・**股関節周り**
太ももを上げて後ろから前、前から後ろに股関節周りを動かします。

トレーニング後は〝静的ストレッチ〟と呼ばれる反動をつけずに筋肉をゆっくり伸ばすストレッチで身体をクールダウンさせましょう。
筋肉の疲労回復、成長が目的ですので、明日に疲れを残さないよう、その日に使った筋肉を意識して呼吸しながらゆっくりとストレッチしてみましょう。柔軟性もつくし、しな

やかな筋肉になるのでケガ予防にもなり、お勧めです。

筋膜リリースローラーというものがあれば、使ってみましょう。

腰周り、もも裏、お尻
背中
ふくらはぎ、もも前
体側、肩、腕、首など

自宅でのストレッチやジム通いが当たり前、習慣になってきたらモテフィフボディメイクも成功したのと同じです。

ボディメイクは継続することが大事です。少しずつでも続けていけば、ちょっとずつ身体が進化していきます。筋肉は何歳になってからでも鍛えられます。年齢なんてただの数字なのです。

モテフィフ世代、人生の折り返しに立ったばかり、まだまだこれから輝くために、まずはメリハリのあるモテフィフボディを手に入れましょう。

第3章

モテフィフ筋トレメソッド

キーワードは「尻」「腹」「背中」の三つ

モテフィフになるための自宅の生活環境づくり、フィットネスジム通いが習慣になりはじめたら、いよいよ具体的なモテフィフ筋力トレーニングをお伝えしていきます。基本的に痩せたいなら食事8割、トレーニング2割といわれています。しかし、トレーニング習慣のない人はまずはトレーニングに8割分の意識を持って取り組みましょう。

まずは、トレーニングでモテフィフとしてつけるべき所に筋肉をつけ、基礎代謝をあげ、痩せやすい身体を目指しましょう。

そこで狙うのは「尻」「腹」「背中」の3カ所です。

実はこの三つの部位を鍛えると、いわゆる砂時計のような女性らしい「S字カーブ」ボディになります。引き締まった背中から腰にかけてできる「S字カーブ」のラインは女子にとっても憧れです。特に周りの男性をドキドキさせることもできるようです。

この「S字カーブ」は、マラソンなどの有酸素運動で脂肪燃焼させるだけでは作れません。女性マラソンランナーの方の身体を思い浮かべていただければわかりやすいでしょう。有酸素運動で体重を落とすことはできるのですが、モテフィフのボディに必要な筋肉も脂肪も同時に落ちてしまいがちなのです。

これからご紹介する効果的な筋トレでバストもヒップも持ち上げ、メリハリのあるボディを目指しましょう。50代でも体形が変われば「マイナス20歳」「マイナス30歳」の見た目を作ることも夢ではありません。

人の目は曖昧なものですので、背中、お尻を鍛えて大きくすれば、ウエストも細く見えてくるのです。モテフィフに絶対お勧めの3カ所トレーニングです。

鍛えている人は男子も女子も年齢より若く見える人が多いものです。年齢はただの数字に過ぎません。トレーニングをしようという気持ちさえあれば、今からでも身体は必ず変わります。気持ちも身体も、新しい自分に出会ってみましょう。

【モテフィフお尻のトレーニング方法】

さて、まずは「お尻」からです。

最近、お尻のトレーニングが全国的に流行っています。お尻専門にトレーニングを教える有名トレーナーさんがテレビや雑誌に出てきたり、美尻コンテストが開かれたり、お尻トレーニングのイベントに人が殺到しているような状況です。

「インスタグラム」などのSNSでもお尻を強調した画像をアップする人が増えていますし、お尻人気は本当にすごいのです。

実はお尻は非常に大きな筋肉で構成されています。大きな筋肉を鍛えれば基礎代謝が上がるので痩せやすくなります。「大きな筋肉＝大きな湯沸かし器」という感じです。

見た目もダルンと垂れたピーマン尻から、プリンとした桃尻へと大変身させることで、足長に見せる効果もあり、見た目を若く見せることができるのです。

お尻が上がれば気分も運気もなんでも上がります。

お尻トレーニングのウォーミングアップ

マッサージボールでお尻、太ももの付け根にかけて左右にある腸腰筋をほぐします。
そして、腸腰筋と、もも裏のストレッチ（ダイナミックストレッチ）をしましょう。

次にお尻にスイッチを入れるバンドウォークでウォーミングアップし、筋肉の温度を上げましょう。

1．ゴムバンドをくるぶしにして肩幅で左右に動く。一定のリズムで、ゴムがたるまないように注意する。

2．50往復×3セット。

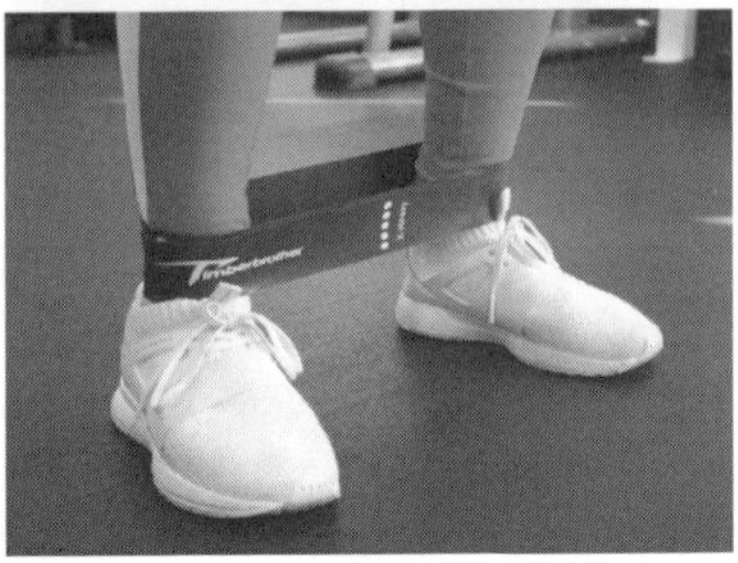

ヒップスラスト

「Ｈｉｐ（お尻）」を「Ｔｈｒｕｓｔ（突き出す）」という意味です。このトレーニングの目的はお尻で一番大きな筋肉である大臀筋の真ん中から上の筋肉に働きかけ、お尻の「丸み」をつくります。

ジムによっては設備が古かったり、少なかったりで、スラスト専用のマシンがない場合もありますが大丈夫です。フリーウエイトエリアにある「スミスマシン」やバーベルで代用できます。

まずは膝が開かないように膝上にバンドを巻きましょう。

1．腰を持ち上げてパット（またはバーベル）を股関節の上にセット。

2．お尻の力を抜かず、息を吸いながらゆっくりと下げる。

3．かかとに力を入れ、息を吐きながら腰を持ち上げ、膝を90度に保ち、上体から太ももまで真っすぐになるところまで上げ、最後にお尻をキュッとしめる。

4．1から3を10回。

5．上で10秒キープ。
6．浅く速く10回、最後に上でお尻をキュッとしめる。
7．1から6のセット×3回。

ポイントとしては、最初は軽い重さでしっかり効かせることと、お尻以外に力が入らないようにすることです。意外と脚の筋肉や背中の筋肉も使ってしまうことがあるので、お尻だけを頭に思い描きつつトレーニングすると良いでしょう。

ヒップスラスト専用のマシン
「ブーティビルダー」。

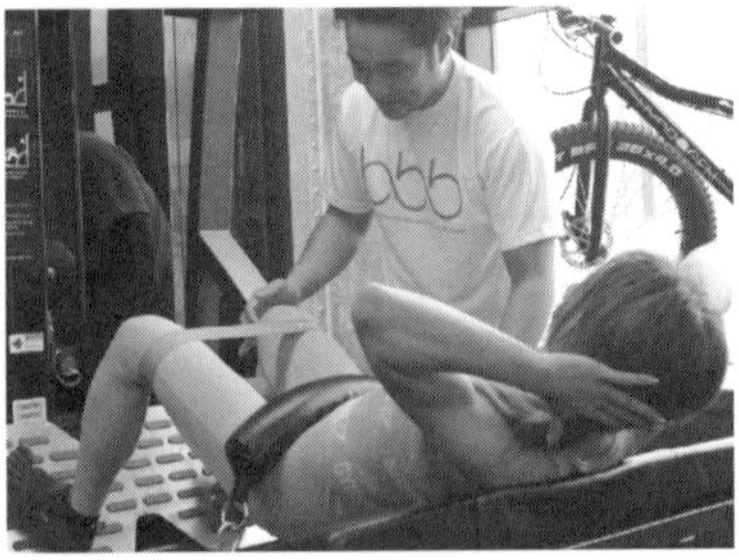
腰を下げます。

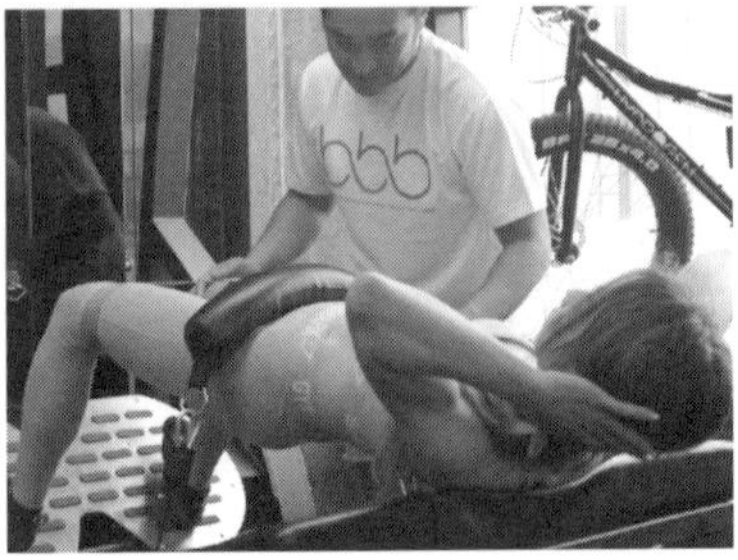
腰を上げます。

ブルガリアンスクワット

スミスマシンでおこなうブルガリアンスクワットです。これは大臀筋とその上にある中臀筋に効きます。

1. ダンベル、またはバーを担ぎ、後ろ脚の甲をベンチに置く。
2. 上半身は30度前傾、視線は斜め上にし、背中は猫背にならないように、頭からお尻まで真っすぐにする。
3. 前の脚に体重をかけ、膝が90度になるまで腰を落とす。腰を落としたとき、膝がつま先より前に出ないようにする。
4. お尻を使って元の位置まで上がっていく。
5. 左右10回×3セット。

ポイントとしては、前脚に重心をかけることと、お尻の筋肉に効かせる意識を持つことです。

バーベルスクワット

バーベルを担いでおこなうスクワットです。足を広く広げれば大臀筋に、狭く広げれば中臀筋に効きます。

1. 視線は斜め上、バーベルを担いで胸を張り、背筋は伸ばします。つま先と膝は同じ方

ダンベルを担ぎます。

腰を落とします。

向に保ちましょう。

2. お尻をつき出して、太ももと床が平行になるまで身体を落とします。しゃがんだとき、膝がつま先より前に出ないように注意しましょう。

3. お尻から上げるように意識しながら持ち上げます。

4. 10回×3セット。

ポイントとしては、後ろに置いた椅子に座るようなイメージを持つことです。腰や股関節を痛めてしまうリスクがあるので、重さより正しいフォームを意識することが重要です。

バーベルを担ぎます。

お尻をつき出し、身体を落とします。

【モテフィフおなかのトレーニング方法】

お尻の次はダイエットでも一番多くの人が気になる部分の〝おなか〟です。おなかがへこむだけで、選べる服の種類も広がりますし、水着を着る勇気も湧いてきます。

最近は「シックスパック」というような言葉もあるように、細いだけでなく、6個に割れた腹筋を目指す女性も増えてきています。

非常に難しそうに思えますが、もともと腹筋は割れているので、おなかについた脂肪を減らせば腹筋は見えてくるのです。

腹筋の形が出るような男性顔負けのかっこいいおなかにするには、食事で体脂肪を減らすのが8割、後の2割はトレーニングです。食事に関しては次の章でお伝えします。

まずはジムに行かなくても普段の生活の中でできる「ドローイン」というトレーニングです。

これは限界まで空気を吸いながらおなかを膨らませ、おなかをへこませて吐き切り、吐ききったところでキープするというトレーニングです。最初は1秒キープするのも大変かもしれませんが、徐々に秒数が長くなっていきます。腰痛などの改善につながるインナーマッスルも鍛えられてお勧めです。

さらに、「くびれ作り」にはウエストに巻き付けて使うウエストシェーバーがお勧めです。基本的にトレーニング時に使うものなので、トレーニング中はもちろん使いますが、私は普段の生活でも減量したい時期につけています。

基本的には、おなかをいつも意識して生活していることが大切です。鏡やガラスに映る自分の姿を見たときなどに、自分のおなかが出ていないか意識してみましょう。おなかを意識していると姿勢がよくなります。姿勢が良いとそれだけで好感度も女子力もアップします。

それでは、おなかの真ん中と両サイドの２本、「３本の縦線」と「くびれ」を目指したトレーニングをお伝えしていきます。

器具を使って、腹筋を鍛えます。

腹筋トレーニングのウォーミングアップ

まずはトレーニングに入る前におなかを意識するドローイン。呼吸の動きを利用しながらインナーマッスルを鍛えます。ポッコリおなかの解消にもつながります。

シットアップ

膝を曲げ、仰向けになり上体を起こします。おなかの真ん中にある腹直筋、腰から腸腰筋に効きます。真ん中の線(アブクラックス)を作るためのトレーニングです。

1．足を肩幅に開いて仰向けになり、膝を曲げる。
2．手は頭の後ろに軽く添える。
3．息を吐きながら上半身を起こす。
4．1～2秒静止。

5. 息を吸いながら元の位置へ戻す。

6. 10回×3セット。

ポイントとしては、腕や足の反動を使わないことと、背中を丸めることです。

手は頭の後ろに、上半身を起こします。

ツイストクランチ

ツイストすることで目指す両側の縦線2本を作りましょう。おなかの両サイドにある腹斜筋を鍛えられるので、くびれ作りにも効果的です。

1. 足を肩幅に開いて仰向けになり、膝を曲げる。
2. 手は頭の後ろにかるく添える。
3. 息を吐きながら、左足の膝と右腕の肘を合わせるように引き付けていく。
4. 1~2秒静止。
5. 息を吸いながら元の位置へ戻す。
6. 逆足も同じ動作。
7. 20回×3セット。

ポイントとしては、腰の力を使って限界まで負荷をかけることです。また起き上がるときやひねるときに反動をつけないことを意識しましょう。

ツイストクランチ。

ニーレイズ

膝を持ち上げるトレーニングです。マシンを使います。腹直筋、腸腰筋に効きます。

1. ディップスマシンにつかまる。
2. 足をくっつけたまま膝をおなかに引き寄せるように上げる。
3. 1~2秒静止。
4. ゆっくり足をおろす。
5. 10回×3セット。

ポイントとしては、上半身を前後に動かさないことと、足は閉じることとです。

自宅でもおなかのトレーニングは可能ですが、通われたジムにあるマシンを使いおなかの筋肉を分けてトレーニングできるのがジム通いの醍醐味です。

両膝を上げます。

レッグレイズ

脂肪がつきやすい下腹部を引き締めます。腹直筋、腸腰筋、腹斜筋に効きます。

1．両足を伸ばしてベンチの上に仰向けになる。
2．ベンチの端を持つ。
3．両足をまっすぐ伸ばし、息を吐きながらゆっくりと足を上げる。
4．1～2秒静止。
5．息を吸いながらゆっくり元の位置へ戻す。
6．10回×3セット。

ポイントとしては、反動をつけないことと、正しいフォームを意識することです。

両足を上げます。

【モテフィフ背中のトレーニング方法】

最後は〝背中〟です。背中のトレーニングをすると、なんと脇腹についた脂肪も燃やしてくれます。さらに、姿勢も改善され、胸やお尻の引き上げにもつながり、まさに「S字ライン」をつくるのに重要なトレーニングです。

後ろを向いたときのスタイルが驚くほど綺麗になりますし、背筋も伸びてモデルさんのようなスタイルの良い身体になります。

普段歩いているとき、胸を張って姿勢よく体幹を意識するだけでもかなり効果があります。胸を張って堂々と歩けば、見える世界も変わります。

背中のトレーニングで若々しく美しい「S字カーブ」を獲得しましょう。

前から引っぱる系のトレーニングが多いので、私はパワーグリップという両手首に装着するグローブを使っています。トレーニ

ングしていると、背中が疲れるより先に握力がもたなくなりやすいのです。パワーグリップは握力を補助するので、効かせたい背筋を限界まで追い込むことができます。もちろん手のひらの保護にもなります。

背中トレーニングのウォーミングアップ

手を肩に軽くのせ肘を回します。肩甲骨を意識しながら背中周りの筋温を上げましょう。

ラットプルダウン

主に背中で一番面積の広い広背筋がターゲットですが、フォームを変えることで肩甲骨の下から上腕にかけてある大円筋、頭の下から背中の真ん中まである僧帽筋にも効きます。大円筋を鍛えることで肩幅が広がって見え、くびれが強調されるので、ボディメイクをする上でとても効果的なトレーニングです。

1. ウエイトのついたバーを肩幅より広めに握り、胸をはり背筋を伸ばして座る。
2. 肩甲骨をよせながらバーを鎖骨近くまで引く。
3. ゆっくり元の位置まで戻す。
4. 10回×3セット。

ポイントとしては、腕の力で引かないことです。背中の筋肉だけで引いていくイメージをしましょう。バーに親指をひっかけると、より広背筋に効きます。背中を丸めないことも重要です。

鎖骨のあたりまでバーを引きます。

Tバーローイング

より広背筋に効かせることができるトレーニング種目です。僧帽筋、背骨の両側にある脊柱起立筋、力こぶの上腕二頭筋にも効きます。

1．バーをまたいで胸を張り背中を反らし、お尻をつきだし目線はやや上に向けます。
2．肩甲骨を寄せながらバーを引き上げます。
3．1～2秒静止。
4．ゆっくり元の位置へ戻します。
5．10セット×3セット。

ポイントとしては、肘は後ろへ引くことと、腰を丸めないことです。これも背中を意識して、腕の力を抜き、背中だけに効かせるように意識しましょう。

バーを引き上げます。

デッドリフト

背中全体を鍛えることができる種目です。大臀筋、脊柱起立筋などにも効きます。

1. 目線は前、身体を45度前傾させて膝の高さでバーを持ちます。
2. 背中は丸めず、お尻を後ろへつき出します。
3. バーを引き上げたら胸を張り、肩甲骨を寄せます。
4. バーベルを元の位置へ戻します。
5. 10回×3セット。

　ポイントとしては、腰を痛めるリスクがあるので、腰を丸めないことと、軽い重量で正しいフォームを意識することです。

お尻をつき出します。

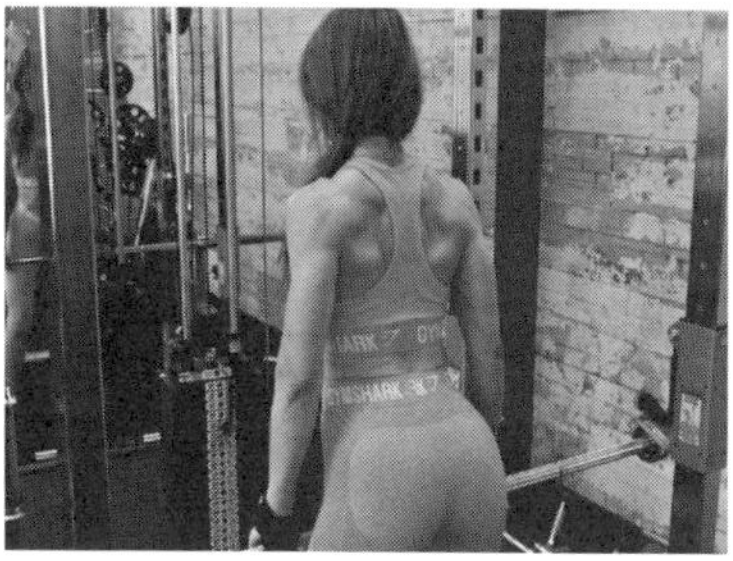

肩甲骨を寄せます。

目線を前へ。

バーを引き上げます。

背中を丸めずに。

【補足の肩のトレーニング方法】

ショルダープレス

お尻・おなか・背中の三つに加えて、もう一つ、余裕ができればやっていただきたいのが、「肩」のトレーニングです。肩を鍛えておくと、猫背の予防や肩こりの予防にもなります。姿勢を整えることもできるので、お勧めです。

このショルダープレスは三角筋の前、真ん中に効かせることができます。肩が筋肉で大きくなれば、よりウエストが細く見えます。

1. ダンベルを肩の高さで持ちます。
2. 肘を伸ばしてダンベルを上へ持ち上げます。
3. 同じ軌道でゆっくり重さを感じながら元の位置へ戻します。
4. 10回×3セット。

ポイントとしては、肘が身体の後ろ側に入らないようにすることです。真っすぐ身体の横のラインに下ろすようにしましょう。

①ダンベルを肩の高さで持ちます。

②上へ持ち上げます。

肩を鍛えるマシンでトレーニング。

【筋トレのあとの有酸素運動】

筋力トレーニングを終えたあとは、身体も温まっていて脂肪を燃やす準備も整っていますので、有酸素運動をおこないましょう。

特に女性は男性のように「大きな筋肉が欲しい」と思う人はあまりいないはずです。まずは綺麗に痩せたいという人が多いでしょうから、トレーニングの後には有酸素運動をしましょう。

トレーニングで筋肉の基礎代謝が上がっているので、脂肪が消費しやすい状態になったところで、有酸素運動をすれば、効果的に脂肪が燃焼されます。

また、筋トレ後は成長ホルモンが出ています。成長ホルモンは体脂肪の分解を加速してくれますので、ますます効率的に痩せられます。

とはいえ、有酸素運動を一人で黙々とやり続けるのは、人によっては苦手な人もいるでしょう。あなたが選んだジムがスポーツクラブのタイプのジムであれば、スタジオレッスンに参加することをお勧めします。お気に入りの楽しいクラスを見つけ、同じく健康で美しい身体を作る意識を持った仲間に出会えたら最高です。

そういったクラスがない人は、最初は走るのではなく、雑誌やテレビをみながらエアロバイクを使うのも良いです。大事なことは頑張りすぎないことです。楽しんでできるものを選びましょう。

筋トレのあとは、有酸素運動で脂肪を燃焼。

有酸素のあとはストレッチ

有酸素運動が終わったら、最後はストレッチをおこないましょう。その日にトレーニングした部位を中心に、ゆっくりリラックスしながら伸ばしていきます。

大事なことは次の日に疲労を残さないようにするためです。疲労が残ると「今日はジムに行くのをやめよう」とモチベーションが下がってしまいがちです。若い世代の人と比べると筋肉痛の回復にも時間がかかるので、特にトレーニングの後はしっかりとストレッチすることをお勧めします。

ストレッチをすれば柔軟性も向上し、しなやかで美しいボディが保てます。

反動をつけず、息を吐きながら伸ばしている箇所を意識します。痛くなるちょっと手前で呼吸をしながらゆっくり伸ばしていくのを心がけましょう。

ぜひ、一度この本の通りにトレーニングをしてみてください。少しでも身体に変化が見えればきっとトレーニングすることが大好きになります。ただ、どこか痛いと感じる所があれば思い切ってトレーニングはお休みしましょう。無理せずに。

上手に習慣化していけば、「トレーニングできない日が続くと気持ち悪い」というような状態になります。それぐらいになるくらいまで頑張れたら、あなたは一生モテる人生になります。

「S字カーブ」のあるモテボディをゲットし、街中をさっそうと歩くモテフィフ姿勢美人になってください！

第４章

モテフィフ食事術！

ダイエットで最重要の食事

痩せたいなら「食事8割、運動2割」というフレーズを聞いたことはありますか？

基本的に痩せるのは非常にシンプルなのです。

摂取カロリー（食事）＞ 消費カロリー（運動や日常生活）

このように、消費カロリーが摂取するカロリーを上回れば痩せますし、摂取カロリーが消費カロリーを上回れば太るだけなのです。難しいことを考える必要はありません。

しかし、このように言うと「辛い筋トレをしなくても、食事を減らせば痩せるよね」と思いがちかもしれません。

もちろん食事を圧倒的に減らせば体重を落とすことはできます。しかし、そこで落ちた体重というのは、脂肪だけではなく筋肉も落ちているのです。ですので、むしろ日常生活に必要な筋肉が少なくなって支障が出やすくなります。

さらに、食事を減らし続けたことで逆にドカ食いなどの欲求を高めてしまい、大量に食べてしまうと、筋肉が落ちているのに脂肪だけが増えるような形になるので、より一層重たくて動けなくて、ダルダルの身体ができあがってしまうのです。

しっかり食べて、しっかり運動が基本です。その上で、モテフィフ実現のために食べたら良いものは何か、いつ食べるのが良いかという時間帯を知りましょう。

さて、最初にあなたに知ってもらいたいのは「脂肪１kgを減量するために必要なカロリー」です。これは７２００ｋｃａｌになります。

例えば、２週間後に結婚式の出席や何かしらのイベントがあり、１kgの脂肪を落としたいとします。

「７２００ｋｃａｌ÷14日間＝５１４ｋｃａｌ」

つまり、１日あたり約５００ｋｃａｌ減らせば達成できることになります。まずは自分の目標となる体重を設定し、何キロカロリーを消費すれば達成できるのかを計算して、目標をここで書いておきましょう。

私は（　　）月（　　）日までの（　　）日間で、体重を（　　）kgにする。
目標までの差し引きが（　　）kgなので（　　）kg×7200kcal
÷（　　）日間、つまり、1日（　　）kcalを減らして目標を実現させる。

さて、目標設定をしたら、次は食事についての本格的な手法や料理レシピをご紹介していきます。

まず、重要なことは、

1．基礎代謝を上げる
2．食事の管理

——この二つを意識することです。

【①基礎代謝を上げる】

人間は呼吸をしたり、心臓を動かしたり、考えごとをしたりと、ただ座っているだけで

も、身体は常に動いています。日常生活で使われるエネルギーのことを「基礎代謝」と呼びます。基礎代謝を高めるためには、

・トレーニングで筋肉を増やす

これは自分の身体を大きなエンジンにするようなものですね。大きなエンジンを動かすにはたくさんのエネルギーが必要なことを考えればわかりやすいでしょう。

・代謝を上げる食べ物を摂る

これは食べ物で身体を活動的にさせ、エネルギーの消費を促すということです。ショウガなどを食べると汗が出てきたりするのを考えればわかりやすいでしょう。

＜代謝を上げる食べ物＞

ショウガ、唐辛子、玉葱、にんにく、納豆、ごま、トマト、黒酢、豚肉など

・日常生活の活動量を増やす

これはわかりやすいと思います。動けばカロリーを消費するのは当たり前です。家事を頑張るやエレベーターより階段を使うなど、日ごろからよく動くようにするのです。

・水分をしっかりとる

人間の活動は基本的に体内の「水」を活用しておこなわれます。水分をしっかりとればその分、脂肪の消費活動も効率的におこなわれます。逆に水分が少ないと、脂肪が燃焼しにくくなるので、日ごろから水分をとるように注意しましょう。理想的なのはジュースなどではなく、ミネラルウォーターなどの「水」です。

体重×40ccが理想とされていますので、例えば50kg人の場合2000cc（2L）を摂るように心がけましょう。

そのほかに、基礎代謝を上げるための行動として、「早寝をして睡眠をたっぷりとる」「噛み応えのある食べ物をとる」「アルコールは控える」「ストレスを減らす」「身体を温める」といったものもあります。

右記のことを続けていくと基礎体温も上がっていくのです。

体温を１℃上げると基礎代謝が12％上がるといわれています。

例えば、50歳　50kg　活動強度は普通の女性の場合は１日の基礎代謝が１１００ｋｃａｌといわれていますが、その女性が体温を１℃高めると「１１００×０・１２＝１３２ｋｃａｌ」。

つまり何もしなくても、ご飯１膳分のカロリーの１３２ｋｃａｌが余計に消費されるのです。


とはいえ、いろいろ意識しすぎても仕方がないので、まずは生活習慣、基礎代謝を上げていこうという日々の意識を少しだけで良いので変えてみましょう。水を多めに飲むとか、階段を使うとかでも構いません。モテフィフ世代はちょっと意識を変えるだけで、基礎代謝が上がり、外見も内面もどんどん綺麗になっていきます。

【②食事の管理】

日ごろから基礎代謝を高める意識を持つことができたら、次に重要なのは食事の管理でカロリーを減らしていきましょう。

まず、食事で1日500kcal消費したい場合、あなたが1日3回食事をしているなら、1食で約160kcal減らすだけで達成できます。

日常生活でよく食べるもののカロリーを覚えておくと安心です。

白米1杯(150g)　250kcal
食パン(6枚切り)1枚　200kcal
はちみつ　大さじ1　60kcal
生ビール大　1杯　250kcal
ワイン　1杯　80kcal
照り焼きハンバーガー　480kcal
フライドポテトMサイズ　400kcal

ショートケーキ　　３００ｋｃａｌ

いかがでしょう。フライドポテトなどはカロリーが高いように思われますが、実は牛丼屋さんなどでご飯を大盛り（２４０ｇ）にするだけでも、同じぐらいの摂取カロリーになるのです。

まずは今まで食べていたカロリーの高い食事をカロリーの低い食事に変更し、太りそうな食べ物を少し控えるだけでも大きく変わります。

ちなみに運動で５００ｋｃａｌ～６００ｋｃａｌを消費したい場合は、

ランニングマシンで60分　ゆっくり走る６００ｋｃａｌ
ランニングマシンで40分　速く走る　６００ｋｃａｌ
ウォーキング　１８０分　６００ｋｃａｌ
水泳（ややきつめ）　90分　６００ｋｃａｌ
腹筋　50分　５００ｋｃａｌ

――が目安となります。

ランニングマシンで1時間、水泳で1時間半、腹筋50分なんて、そう簡単にできる運動量ではありません。アスリート並みですね。

実は500kcalを食事で減らすより運動で減らす方が大変なのです。だから「運動より食事」といわれるのです。運動で消費カロリーを増やすには、かなりハードに動くことになり、逆におなかがすいて摂取カロリーが増えてしまうこともありがちです。

しかし、食事で摂取カロリーを減らしすぎると、今度は身体が飢餓に陥る緊急状態と錯覚し脂肪の利用をセーブし始めて、骨や筋肉からエネルギーを摂ろうとするのでバランスが大事です。

まずは、適度に食事の摂取カロリーを減らしつつ、運動をするのがベストです。

500kcal減らしたいのであれば、ジムで250kcal分の運動(20分ほどのランニングと、何種類かの筋力トレーニング)をして食事を250kcal(昼と夜のご飯を少なめにする)減らせば十分に達成可能なのです。

食事制限だけをしていると、必ず身体が危機回避のために脂肪を燃やしにくくする「停滞期」が訪れてしまいますが、運動もすれば、それを乗り越えることができます。

食事と運動の組み合わせで健康的に楽しくダイエットをしましょう。

最低限知っておくべき栄養素

さて、ではどんなものを食べたらいいのでしょうか？

カロリーを減らすだけでは、毎日コンニャクとかカロリーゼロのゼリーとか、つまらなくて単調な食事になってしまいます。楽しみながら身体に良いものを摂り入れることが何よりも重要です。まずは食事の栄養素について簡単に知識をつけておきましょう。

糖質・脂質

炭水化物、いわゆる、米やパンや麺などの穀物系の食べ物をイメージしてもらえればわかりやすいでしょう。この炭水化物の中には「糖質」だけでなく「脂質」も含まれる場合が多いので、摂取に気を付けましょう。

私が食品を買う時、特に気にするのは栄養成分表示の「脂質」、「炭水化物」、「タンパク質」です。その中でも一番気にしている項目が「脂質」です。

実は「糖質」はトレーニングで消費しやすいのですが、「脂質」を減らすのは難しいからです。

ちなみに、50代で体重50kgで、女性の場合、1日の必要量は下図のとおりです。

私はずっと身体を動かすことが好きで常に身体を保ってきたので、食事制限をきっちりしたことはありませんが、タンパク質の多い食品を摂るように気を付けています。

日本人は特にタンパク質の摂取量が少ないそうです。しかし、タンパク質は女性にとっての美しい髪や、骨粗鬆症の予防や、何よりも筋肉にとって必要です。

	糖　質	タンパク質	脂　質
運動していない女性	250g (5g/kg体重)	50g (体重×1g)	50g
運動している女性	350g (7g/kg体重)	100g (体重×2g)	50g

(引用：厚生省保健医療局生活習慣病対策室「第6次改定日本人の栄養所要量について」)

トレーニング後などにプロテインを飲むことも良いですが、なるべく食べ物から摂るようにしましょう。

また最近は「糖質0」などといって、一切の米や麺やパスタを食べるのを禁止するような過激な「糖質カットダイエット」もありますが、これはお勧めしません。

まず、タンパク質の吸収が悪くなりますので、せっかくトレーニングをして筋肉をつけているのに、効果が薄れてしまいます。

炭水化物とタンパク質は一緒に摂るようにしましょう。ダイエットをしたいなら、できるだけ夜に炭水化物を摂るのを少なめにしましょう。糖質は一日のうちで早い時間に摂れば大丈夫です。

野菜は意外と糖質の多いものがあるので気を付けましょう。食物繊維が多いものを選んで積極的に摂ると良いでしょう。

また、女子は急に甘いものが食べたくなると思います。そのようなときは、がまんしないで食べましょう。もちろん、スイーツビュッフェなどで一気に食べてしまうのはよくありません。私は大好きな大福やお饅頭をトレーニング前、トレーニング後と時間を決めて摂取しています。

実はトレーニング前に食べる大福というのは、トレーニング効率を高めてくれるのです。

トレーニング前半→消化の早い糖分のあんこ
トレーニング後半→消化の穏やかな炭水化物の皮

このように、時間差でトレーニング中に必要なエネルギー源となるのです。

また、トレーニング後にはお饅頭を食べるのですが、これはトレーニングで傷ついた筋肉の修復を速めてくれるタンパク質(プロテイン)と糖質を一緒に摂ることで、さらに疲労回復や筋肉の増加を効率的にさせることが狙いです。

筋トレ後の糖質は脂肪に変わりにくいので、甘いものを摂取するゴールデンタイムとも言えるでしょう。

このように、糖質は食べる量と食べる時間帯を考えれば大丈夫なのです。

そして、「脂質」。

脂質については、日ごろ料理で使う油を変えるようにしています。基本的にサラダ油などは使わず、オリーブオイルやごま油を使っています。またドレッシングの代わりに亜麻仁油、エゴマ油を使っていますし、プロテインスイーツを作るときはココナッツオイルも愛用しています。

良質な脂質は腸内環境を整えてくれて便秘の解消にもなったりするので、積極的に摂るようにしています。特にオメガ3脂肪酸が豊富なクルミやチアシード、脂質は多いですがサバもよく食べるようにしています。

日本人の大好きな唐揚げやてんぷらなどの、揚げ物だけは控え気味にしています。

基本の調理は蒸す、ゆでる、レンジで温めるといった感じで、油を控えるようにするのも良いでしょう。お肉もシンプルに塩、コショウで焼くようにしています。

また私は、ポン酢が好きなので、ドレッシングやちょっとした味付けに頻繁に活用しています。

モテフィフになるための食材知識

ではここで、モテフィフになるためにオススメの食材をお伝えします。

高タンパク、低脂肪、低脂質の食材を選びましょう。お肉、お魚は赤身が基本です。

（肉）赤身の牛肉、鶏胸肉、脂肪の少ない豚肉、ささみ、馬肉、鹿肉、イノシシ肉、レバー

（魚）鮭、まぐろ、タコ　いか、えび

（野菜）ブロッコリー、トマト、小松菜、ほうれん草、きゅうり、アボカド、大根、キャベツ、ねぎ、もやし、サツマイモ

（果物）グレープフルーツ、オレンジ、キウイ、イチゴ、梨、ブルーベリー、リンゴ

（豆類）豆腐、納豆、枝豆、大豆

（海藻類）もずく、わかめ、ひじき、のり、昆布、あおさ

（きのこ類）まいたけ、しめじ、エリンギ、えのき、椎茸

（ナッツ）アーモンド、くるみ

（油）亜麻仁油、エゴマ油、オーブオイル

（穀物）全粒小麦パン、オートミール、玄米

逆に脂質、糖質が多いので控え目にした方がよい食材はこちらになります。

（肉）霜降り肉、ベーコン、ソーセージ
（穀物）白米、パスタ、ラーメン、うどん、もち
（野菜）人参、ジャガイモ、さといもなどの根菜類、とうもろこし
（果物）バナナ、パイナップル、桃
（調味料、ほか）砂糖、グラニュー糖、ドレッシング、洋菓子、ジャンクフード、ジュース、炭酸飲料

基本的に、筋肉をつくるタンパク質は多めに。野菜は糖質に注意して、消化を穏やかにする食物繊維を。そして脂質の少ないものを。これだけまずは覚えましょう。

ストイック過ぎて嫌われないように

友達や家族から愛されない人はモテフィフとは呼べません。しかし、いつもこんなストイックな食事をしていると食事に誘ってくれる友達は減ってしまいますよね。

ダイエットをしていても、一週間に1回とか2回とかであれば食べすぎても大丈夫です。次の日のトレーニングを頑張るとか、翌日の食事を控えめにしたりすれば良いのです。

基本的に、食後24〜48時間で食べたものが脂肪になるといわれています。ですので、たくさん食べすぎた日は、翌日の筋トレや有酸素運動を頑張りましょう。

食事抜き、炭水化物抜きはやめましょう。なるべく水分を多く摂取し、食物繊維豊富な野菜やタンパク質を多めの食事を維持するように気を付けましょう。

周りの人とも楽しくコミュニケーションをとりながらモテフィフボディを作ることが重要です。

ちなみに人間には食べると太りやすい時間と太りにくい時間帯があります。太りやすいピークは22時〜午前2時です。よく夜の飲み会の後にラーメン屋さんなどに行く人もいるかもしれませんが、最も太る行為ですね。

ちなみに、太りにくい時間帯は14時〜15時といわれています。仕事などで休憩時間を自由に取れるようなら、少し午前中の仕事量を増やして、ガッツリと遅めの昼食を摂るというのも良いかも知れません。


朝食と昼食はカロリーが多めでも大丈夫です。夕食はなるべく早めに終わらせましょう。夜遅くに食事を摂るなら、タンパク質や食物繊維の多い食品を選ぶようにしましょう。

特に、仕事などで夜の食事ではアルコールがつきものです。実はアルコールは利尿作用があるため身体は軽い脱水症状を起こしていたりします。すると血糖値が上がり糖尿病の引き金にもなるのでアルコールと水を交互に飲むことをお勧めします。

あとは、あまり食べない時間が長くなりすぎると、身体が飢餓感を感じて筋肉を分解してしまうカタボリックという現象が起こってしまうので軽い間食を入れたりして、おなかが空いている時間をつくらないように気を付けるのも良いでしょう。街中でおなかが空いたらコンビニやスーパーで低糖質、低脂質で高タンパク、かつ添加物の少ないサラダチキンやソーセージ、ゆで卵の白身などがお勧めです。

甘いものが欲しければ、洋菓子ではなく、あんこ系の和菓子が良いでしょう。

モテフィフクッキング

それではここから、私がお勧めする料理のレシピをお伝えしていきます。

『鶏ハム』 低温調理器

☆材料

鶏胸肉　何枚でも　作り置きしておくといいです。

塩麹　適量

☆作り方

1．鶏胸肉をジップロックに入れ塩麹を入れる。

鶏ハム。

2．中の空気を抜いて湯煎へ投入。
3．低温調理器で61℃、1時間入れて置くだけでしっとり美味しい鶏ハムができあがります。
ニンニクや、ハーブやスパイスを入れて漬け込むのもお勧めです。
わさび醤油やポン酢でお召し上がりください。

『ローストビーフ』低温調理器

☆材料

牛肉ももブロック　500g
クレイジーソルト　適量
ブラックペッパー　適量
すりおろしニンニク　お好みで

ローストビーフ。

☆**作り方**

1．お肉にクレイジーソルト、コショウ、ニンニクをすり込みジップロックに入れる。

2．中の空気を抜いて湯煎へ投入。

3．低温調理器で54・5℃、4時間。

4．少しさましたら、フライパンにオリーブオイルをひき、強火で全面に焦げ目がつくまで焼く。

ほぼ放置で美味しいローストビーフができあがります。

わさび醤油でお召し上がりください。

『胸肉と野菜のワンプレート』

☆**材料**

鶏胸肉　適当

塩、こしょう
ほうれん草、小松菜、キャベツなど　適量
料理酒　適量

☆作り方

1．鶏胸肉は薄くスライスして、塩、こしょう、料理酒をかける。
2．野菜は適当な大きさにカットして鶏胸肉と共に皿に盛る。
3．ラップしてレンジ強５００Wで４分位。

味付けはポン酢で十分です。ワンプレートで簡単なので忙しいときに向いています。
料理酒の力で鶏胸肉も柔らかくなります。

鶏肉ワンプレート。

『食物繊維たっぷり野菜スープ』

☆材料

鶏胸肉　　２００g

玉葱、セロリ、さつまいも、大根、にんじん、ゴボウ、ほうれん草、キャベツ、レンズ豆など

水　鍋がひたひたになる位

スープの素

ニンニク、ショウガのすりおろし　少々

オリーブオイル　少々

塩、コショウ

つゆの素、ごま油

☆作り方

１．野菜、胸肉は一口大に切る。

食物繊維たっぷり野菜スープ。

2．鍋にオリーブオイル、ニンニク、ショウガを入れ、炒めた後、玉葱を炒める。その後はキャベツ、ほうれん草、レンズ豆以外の野菜と鶏胸肉を炒め、野菜がひたひたになる位の水を入れ強火にかける。
3．沸騰したら中火にしてスープの素とつゆの素、具材を入れて煮込む。
4．塩、コショウ、ごま油で味を整える。

家の冷蔵庫によくありそうな食材で、食物繊維が多いものを活用します。野菜のお片付けにもなるスープです。作り置きしておけば２〜３日は持ちます。

『ホワイトオムレツ』

☆**材料**

卵白のみ　５個
鶏胸肉　１００g
ほうれん草　１束
しめじ　１/４パック
塩、コショウ　少々
酒　少々
オリーブオイル　小さじ２

☆**作り方**

１．鶏胸肉、ほうれん草は小さく切る。
２．耐熱皿に酒をふりかけた鶏胸肉、ほうれん草、しめじをいれて５００Wで４分。
３．卵白を泡立てて２を入れ塩、コショウ。

ホワイトオムレツ。

４．フライパンを熱し、オリーブオイルをひいて3を流し入れる。固まってきたらオムレツにする。

卵1個を卵黄と卵白に分けてみます。

・卵黄：タンパク質３ｇ・脂質６ｇ
・卵白：タンパク質4.5ｇ・脂質０ｇ

このように卵黄は脂質が多いので、私は使わないようにしています。最近は卵白だけを売っていることもあるので、そちらを使うのが良いでしょう。タンパク質が安い値段で多く摂れます。

『納豆ねばねば＋玄米キヌア』

☆材料

キヌア　大さじ2

玄米　100g

納豆　1パック

ねばねば食品　おくら、めかぶ、モロヘイヤ、長芋など

卵白　1個

☆作り方

1．キヌアは茹でる、または玄米と一緒に炊き込む。

2．おくら、モロヘイヤをゆでる。

3．納豆とねばねば食品、卵白を混ぜる。

納豆ねばねば＋玄米キヌア。

・玄米とキヌアを入れて炊いて冷凍保存しておく場合
玄米　２合
キヌア　40ｇ
オリーブオイル　大さじ１
　いつもの水加減で炊きあげ、１００ｇずつラップに包んで冷凍しておくと便利です。

【間食】

『手作りプロテインアイス』

☆材料
プロテイン20ｇ（抹茶、チョコレート味がおいしい）
牛乳または豆乳　１００ml

プロテインアイス。

☆作り方

よく混ぜて、ジップロックに入れて冷凍し、固まったら程よい硬さにするために揉むだけです。

これは非常においしいです。普段、プロテインは一気に飲んでしまいますが、噛む喜びが感じられます。減量期のおやつとして、最強の友です。

『プロテインバー』

☆材料

プロテイン　40g
オートミール　50g
バナナ　1本
豆乳　50cc

プロテインバー。

あればドライフルーツ　適量

☆**作り方**

全部ボウルにいれてフォークで混ぜた後、200℃のオーブンで15分くらい焼くだけです。

プロテインがおいしいからこれだけで十分おいしくできますよ。

『プロテインヨーグルト』

☆**材料**

プロテイン　10g

無脂肪ヨーグルト　適量

プロテインヨーグルト。

☆**作り方**

混ぜるだけです。簡単で、おいしいデザートに。

『グリーンプロテインスムージー』

☆**材料**

プロテイン　20g
バナナ　1本
ほうれん草または小松菜　2束
リンゴ　1/4個
豆乳　100cc
水　適量

グリーンプロテインスムージー。

☆作り方

材料を全部入れて、ミキサーにかけます。

ほうれん草の代わりに季節のフルーツをいれても美味しいです。

『プロテインコーヒー』

コーヒーにバニラ風味のプロテインを混ぜるだけで、おいしいカフェオーレになります。

プロテインコーヒー。

『プロテインカクテル』

☆材料

プロテイン10g

ジンまたはウォッカ　適量

水または炭酸水　適量

☆作り方

水または炭酸水にプロテインを混ぜた後、ジン、またはウォッカを注ぎます。

プロテインはタンパク質ですから、このカクテルはお酒を飲みながら赤身のお肉食べているイメージですね。ただ、プロテインもお酒も肝臓で分解されるため、プロテイン優先にして、お酒の飲みすぎに注意しましょう。

プロテインカクテル。

飲み会、パーティで選ぶモテフィフメニュー

まず、お勧めは醸造酒ではなく蒸留酒です。蒸留酒は醸造酒からアルコールだけを抽出したお酒なので、アルコール度数は高いものが多いですが、カロリーは非常に少ないです。ウイスキー、テキーラ、ウォッカ、ジンなどが該当します。

逆に乾杯程度にして、飲みすぎないほうが良いのが醸造酒になります。これはワイン、ビール、日本酒なので、わかりやすいでしょう。

次に、お酒の席で選ぶべきメニューはこちらになります。

枝豆、焼き鳥(レバー、砂肝、ハツ、ささみ　味つけは塩かレモンで)、赤身肉、ローストビーフ、蒸し鶏、さしみ(マグロ、いか、たこ、サーモン)、サラダ(トマト、ブロッコリー多め)、海藻サラダ、葉物のサラダ、ゆで卵(白身)、豆腐、蒸し料理、納豆。

これだけの種類が食べられれば、特に友達とも仲良く楽しめると思います。飲み会もパーティも思いっきり楽しむようにしましょう。特に人脈作りはモテフィフにとってとても大

事です。外見も中身も人付き合いも気を付けて、スマートなモテフィフになりましょう。

第５章

人に見られて、
さらに輝く愛される
モテフィフへ

見られることが美しさを引き出す

S字カーブ、くびれ、女性らしさを強調するメリハリのあるモテフィフボディを手に入れて、身体に良いものを食べて、生活習慣も身体も心も変わっていけたら最後の仕上げです。さらにモテに磨きをかけるには「人に見られている」という意識を常に持つことです。まずは、いつでも誰かに見られていると思って行動してみましょう。

- ・背筋を伸ばして姿勢よく歩いてみる
- ・立ち振る舞いを意識してみる
- ・身だしなみを綺麗にする
- ・笑顔でいる
- ・しゃべり方を上品にしてみる
- ・表情豊かにしてみる
- ・心の豊かさ広さをさらに大きくしてみる
- ・人のいい所を探してみる

・ときに無邪気に〝はめ〟をはずしてみる

このように「人に見られている」と意識を持って行動をしていくと、どんどんあなたの外見も中身も変化が訪れて、美しさにますます磨きがかかります。

見た目や表面だけではなく、品がある女性というのは素敵です。女子はいつまでも女子でいたいものですし、誰からも愛されたいものです。

そのためには、行動を変え、身体を変えていけば、内面からにじみ出る魅力のある女性に変われることはできるはずです。

もちろん、今日明日すぐにというわけではありませんが、たくさんの経験が魅力となりプラスされていくのです。その「人に見られる」ことで、どんどん輝いて美しくなれるのもモテフィフ年代の特権といえるでしょう。

目的は愛されるモテフィフになること、そのための目標づくりを！

最終目的は愛されるモテフィフになることです。

まずはいくつかの目標を立ててみることが大切です。

週に何回ジムに通うでも、いつまでに痩せるでも、こんな身体になりたいでも、なんでもいいのです。

すぐに達成できそうなことから取り組んでみましょう。

その際、間近、1か月後、1年後と短期、中期、長期の目標を立てることをお勧めします。

モチベーションをキープし続けることができます。

目標に向かって頑張って自分を変えようと頑張っている姿は何歳になっても素敵です。

誰が見ていてくれるかわからないし、変わろうとしているあなたに予期せぬ幸運が訪れるかもしれません。

目標を一つ一つクリアしていけばさらに輝く愛されるモテフィフになっているはずです。


私にとって愛されるモテフィフになるための目標の一つがベストボディ・ジャパンとい

う大会にでることでした。

娘二人を育てる主婦だった私が大会出場を繰り返していくうちにどんどん私の意識も行動も変わったし、気が付いたら周りにはボディメイクや美容など、意識の高い人ばかりになっていました。

周りにいてくれる仲間の存在はありがたいし、自分も頑張っていたから出会えることができたのだと思います。もちろん、最初は大会に出ることで手一杯で、大会に出たら素晴らしい仲間が増えるなんて思ってもいませんでした。ただ出場を繰り返していたら、素敵な仲間が増えていたのです。

そこで出会った仲間は私の宝物です。

頼ったり頼られたり、今までで出会うことのなかった人たちにたくさんの刺激をもらって今に至ります。

50歳という十分な年齢の大人になってから、うれし涙や悔し涙、そしてたくさんの感動を味わうことができるとは予想できませんでした。

大会に出場する人は、自分の仕事の成果を披露したいパーソナルトレーナーさんやフィットネス業界関係者だけではありません。いろいろな業種のお仕事をされている方がいて、それぞれ皆さん忙しいのです。

そして、そんな中でもトレーニングやポージング練習に時間を作り、目標に向かって頑張っている姿は本当に素敵の一言で、尊敬しかありません。

だからこそ、ぜひ、あなたもある程度満足できるモテフィフボディを手に入れたら大会に挑戦することを目標の一つにしてほしいと思います。

大会に出場するという目標は「人に見られている」という意識を持つことができ、自分の美しさを引き出すことができ、さらに最高の仲間にも巡り合えるのです。

新しく経験したことや意識の高い人との出会い、それこそ今までと違う自分に変わることができる最大のスパイスになるはずです。

私は現在、筋肉美を評価してくれるNPCJという団体の大会に出始めました。

ビキニ部門というボディメイクの大会の世界にとびこんだのです。

あらたにトレーニング方法も変わったし、大会で優勝するために求められる身体も今まで出ていた大会とは全く違うのです。

違う団体の大会に出場することで、さらにたくさんの人との輪が広がり、まさに世界が広がった感じです。そして新しく目標も定まり、次はかっこいい愛されモテフィフになるため突き進んでいます。

50代は身体の節々が痛くなったり、動きにくくなったり、目が悪くなったり、気持ちがどんよりと重くなりがちだったり、更年期や将来の介護や老後の生活などに不安になったりと、マイナスの要素が大きくなる年代です。

しかし、これはあくまでの一般論です。夫から、子どもたちから、仕事仲間から、趣味仲間から愛され、さまざまな人たちに明るく元気になってもらえるような力を与え、積極的に社会に携わっていく自信・人脈・希望を「モテ」る50代になることも、あなた次第でできるのです。

自由に自分らしく生きていこうと思えばいつからでも健康も幸せも愛も引き寄せることができます。前向きで素敵な50代が増え、自由にこれからの人生を楽しんで過ごしていただければ幸いです。

最後まで読んでいただきありがとうございました。

あとがき

出版のお話を頂いたのは2018年の3月。

出版プロデューサーの木下裕司さんに声をかけていただき『モテフィフBODY MAKE』を出版させていただくことになりました。


現在は恵比寿にある田村宣丈さんのパーソナルジムV Shapeで主に活動してます。

大会に出ながら、大会出場される選手の皆さんの最後の仕上げに最適な筋肉カット出しを目的としたハイパーナイフ、ボディカラーリングを担当してます。

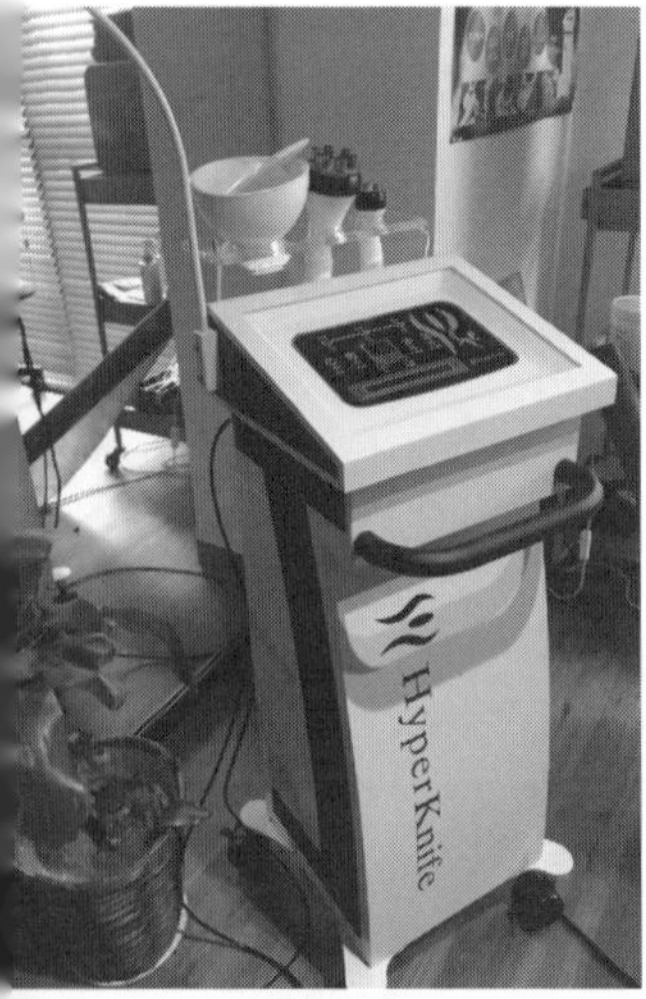

30年以上トレーニングは続けてきましたが、大会に出場するためにボディメイクを始めたら身体も変わったし、大会仲間や新しく広がった人脈のおかげで気持ちの持ち方も変わりました。

大会に出場することで「ひとに見られている」というもっと綺麗になりたいという気持ちに加え出版するという新しい道も見つけ、愛されモテフィフへの道がさらに加速されたのです。

そのほかにやりたいことが目の前にきたら直ぐに飛びついたし、なんでもやってみたら楽しかった。

新しい自分に出会う度にわくわくしました。

出版の話をいただいた半年後2018年の秋、銀行を辞め、以後フリーでさまざまな活動をさせていただいております。

生活状況がまったく変わっていったのです。

これから先の1年どうなっているのかな？　楽しみでならないです。

思ったらすぐに行動です。誰だっていつからでも変わることができるのですから。

まずは、自分のいる環境を変えていく。そして、トレーニングでくびれボディを手に入れ、食事を変えて中身からも美しくなる。そして、「人にみられる」ことでさらに輝いてみる。ほんの少し意識を変えるだけ、ボディメイクすればこれからの人生までも変えることもできるのです。

この本を読んで頂いた皆様がもっと綺麗になりたいとか、若いときみたいに身体も心も潤いのある生活がしたいなんて思ったらチャンスですよ。

今からだって変われるのです。

そんな生活をした方が毎日楽しいし自分も周りの人も楽しくなります。

ボディメイクしてマイナスになることは何もありません。

新しい自分に出会ってみませんか？

この本を読んで気持ちや行動が変わり、一人でも多くの愛されモテフィフが増えたら嬉しいです。

撮影にご協力いただいた恵比寿のＶＳｈａｐｅ（ブイシェイプ）オーナー田村宜丈様、日比谷ｔｈｒｅｅＢ（スリービー）代表岩成隆邦様、ＴＩＰ．ＸＴＯＫＹＯ（ティップクロス）

新宿店様、素晴らしいトレーニング写真をありがとうございました。

コーシン出版社長の吉田和彦様、そして出版プロデューサーの木下裕司様、いつも的確なアドバイスをありがとうございました。

皆様のおかげでこの本が完成できたことに感謝いたします。

ここにお名前を載せさせて頂いた方々、実は皆さん以前ベストボディ・ジャパンに選手として出場されていました。

つながりに感謝です！

ほんと、人生って面白い！

２０１９年11月

撮影協力

・Bodymake　Studio　V Shape
オーナー　田村宜丈
Instagramアカウント　@vshape.shop
@yoshi.tamura

・カバー撮影：松村齊仙
（happily Body profile Photo Studio）
・コーディネート：片岡麗香
（コーディネーター兼モデル）
Instagramアカウント　@reikakataoka

・女性専用トレーニングジム　three B
株式会社threeB代表取締役　岩成隆邦
Instagramアカウント　@threeb_fitness
@narinari0605

・ティップ.クロスTOKYO新宿
Instagramアカウント　@tip.x_tokyo

■著者紹介■

川島　めぐみ (かわしま　めぐみ)

4年連続ベストボディ・ジャパン日本大会出場

2015年
≪BBJ≫　　ベストボディ・ジャパン部門
東京大会ファイナリスト/関東大会5位/日本大会出場

2016年
≪BBJ≫
千葉大会ファイナリスト/埼玉大会ファイナリスト
静岡大会ファイナリスト/東京大会ファイナリスト
水戸大会ファイナリスト/長野大会4位/岐阜大会3位
日本大会出場
≪MMJ≫　　ミスモデルジャパン部門
日本大会5位

2017年
≪BBJ≫
東京大会ファイナリスト/水戸大会3位
静岡大会準グランプリ/岐阜大会準グランプリ
≪MMJ≫
東北大会グランプリ/関東大会グランプリ
日本大会4位

2018年
≪BBJ≫
水戸大会3位/山梨大会4位/静岡大会準グランプリ
新潟大会グランプリ

≪MMJ≫
東日本大会準グランプリ/日本大会出場

2019年
≪NPCJ≫
NEW GENERATION CLASSIC 4位
BLAZE OPEN 3位
HIDETADA YAMAGISHI,IRIS KYLE JAPAN CLASSIC 3位
WOMEN'S CUP 4位
POWERHOUSE GYM CLASSIC 5位
GRAVII CUP 7位
BEEF SASAKI JAPAN CLASSIC 6位
GENERATION CUP 準グランプリ
IFBB PROFESSIONAL LEAGUE × NPCJ出場
OLYMPIA AMATEUR JAPAN 2019出場

トレーニング歴34年
Bodymake Studio V Shape　ハイパーナイフエステティシャン
アルプロン公式アンバサダー
ベストボディ・ジャパンコンテストアドバイザー
モテフィフアドバイザー
Women' SHAPE　フットネス読者モデル
エイブルCM　腹筋出演/雑誌Tarzan 腹筋自慢
腹筋自慢vitup2 優勝
プロテインマイスター

健康も、幸せも、愛も引き寄せる！モテフィフBODY MAKE

<検印省略>

2019年12月1日　第1刷発行

著　者　川島 めぐみ

発行人　吉田 和彦

発行所　コーシン出版

〒173-0004 東京都板橋区板橋2-28-8 コーシンビル
電話番号：03-3964-4511　ファックス番号：03-3964-4569
ホームページ：http://ko-sinsyuppan.com

発売元　（株）星雲社　（共同出版社・流通責任出版社）

〒112-0005 東京都文京区水道1-3-30
電話番号：03-3868-3275　ファックス番号：03-3868-6588

印刷所　恒信印刷株式会社

ISBN978-4-434-26883-0　C0077